50 Cocinas Asiáticas: Recetas con Sabores del Este

Por: Kelly Johnson

Table of Contents

- Sushi de Salmón
- Pad Thai de Camarones
- Ramen Tonkotsu
- Dim Sum de Cerdo
- Pho Vietnamita
- Bibimbap Coreano
- Curry Verde Tailandés
- Gyozas de Pollo
- Pollo General Tso
- Tempura de Verduras
- Banh Mi de Cerdo
- Sashimi Variado
- Yakitori de Pollo
- Hot Pot Chino
- Teriyaki de Salmón
- Laksa de Mariscos
- Bulgogi de Res

- Kimchi Casero
- Sopa Miso
- Arroz Frito al Estilo Yangzhou
- Rollos de Primavera
- Tteokbokki Picante
- Pato Pekín
- Ensalada de Alguitas Wakame
- Curry Japonés
- Salteado de Verduras con Tofu
- Pollo Satay con Salsa de Cacahuate
- Sopa Tom Yum
- Mochi de Té Verde
- Ternera con Salsa de Ostras
- Yakisoba
- Kimbap Coreano
- Curry Massaman
- Tallarines con Salsa de Maní
- Tofu Mapo
- Baozi Rellenos de Cerdo

- Ensalada de Mango Verde
- Pescado al Vapor al Estilo Chino
- Pollo al Curry de Coco
- Panqueques Coreanos de Cebolleta
- Sopa Wantán
- Sushi California Roll
- Pollo al Ajillo Estilo Chino
- Fideos de Arroz con Carne de Res
- Helado de Sésamo Negro
- Ensalada Thai de Papaya Verde
- Brochetas de Cerdo a la Parrilla
- Dumplings de Camarón
- Té Chai con Leche
- Pudding de Mango

Sushi de Salmón

Ingredientes:

- 2 tazas de arroz para sushi
- 250 g de salmón fresco (de calidad para sushi)
- Algas nori
- Vinagre de arroz
- Azúcar y sal
- Salsa de soja, wasabi y jengibre encurtido para acompañar

Preparación:

1. Cocina el arroz y mezcla con vinagre de arroz, azúcar y sal.
2. Extiende el arroz sobre la hoja de alga nori.
3. Coloca tiras de salmón y enrolla con una esterilla.
4. Corta en porciones y sirve con salsa de soja, wasabi y jengibre.

Pad Thai de Camarones

Ingredientes:

- 200 g de fideos de arroz
- 200 g de camarones pelados
- 2 huevos
- 2 dientes de ajo picados
- 1 taza de brotes de soja
- Cebollín picado
- Salsa de tamarindo, salsa de pescado, azúcar y chile en polvo
- Maní tostado picado

Preparación:

1. Cocina los fideos según instrucciones.
2. Saltea ajo, luego agrega camarones y huevos.
3. Incorpora fideos, salsa y mezcla bien.
4. Añade brotes y cebollín, mezcla rápido.
5. Sirve con maní espolvoreado.

Ramen Tonkotsu

Ingredientes:

- Caldo de cerdo concentrado (tonkotsu)
- Fideos ramen
- Cerdo chashu en rodajas
- Huevo marinado
- Cebollín picado
- Brotes de bambú y algas nori para decorar

Preparación:

1. Calienta el caldo.
2. Cocina los fideos ramen.
3. Sirve los fideos en un tazón, añade el caldo caliente.
4. Decora con cerdo chashu, huevo, cebollín, brotes y alga.

Dim Sum de Cerdo

Ingredientes:

- 300 g de carne de cerdo molida
- 1 cebolla pequeña picada
- Jengibre rallado
- Salsa de soja
- Masa para wonton o masa de dim sum

Preparación:

1. Mezcla carne, cebolla, jengibre y salsa de soja.
2. Coloca porciones pequeñas en la masa, cierra en forma de bolsita.
3. Cocina al vapor 10-15 minutos hasta que estén firmes.

Pho Vietnamita

Ingredientes:

- Caldo de res o pollo aromatizado con anís estrellado, canela y clavos
- Fideos de arroz para sopa
- Carne de res en láminas finas (opcional)
- Brotes de soja, albahaca, cilantro, lima y chiles frescos

Preparación:

1. Calienta el caldo aromático.
2. Cocina los fideos y colócalos en tazones.
3. Añade la carne cruda para que se cocine con el calor del caldo.
4. Sirve con hierbas frescas y lima.

Bibimbap Coreano

Ingredientes:

- Arroz blanco cocido
- Vegetales salteados variados (espinacas, zanahoria, brotes de soja)
- Carne de res en tiras o tofu
- Huevo frito
- Salsa gochujang (pasta de chile coreana)

Preparación:

1. Sirve arroz en un tazón.
2. Coloca los vegetales y la carne encima.
3. Añade el huevo frito.
4. Agrega salsa gochujang al gusto y mezcla antes de comer.

Curry Verde Tailandés

Ingredientes:

- Pasta de curry verde
- Leche de coco
- Pechuga de pollo o camarones
- Berenjena, judías verdes, pimiento
- Albahaca tailandesa
- Salsa de pescado y azúcar de palma

Preparación:

1. Sofríe la pasta de curry en un poco de aceite.
2. Añade leche de coco y lleva a ebullición.
3. Incorpora la carne y verduras, cocina hasta tiernas.
4. Agrega albahaca, salsa de pescado y azúcar, mezcla y sirve.

Gyozas de Pollo

Ingredientes:

- 300 g de carne de pollo molida
- Cebolla verde picada
- Jengibre rallado
- Salsa de soja y aceite de sésamo
- Masa para gyoza

Preparación:

1. Mezcla todos los ingredientes para el relleno.
2. Coloca una cucharadita en la masa y cierra bien.
3. Cocina a la plancha hasta dorar y luego añade agua y tapa para cocer al vapor.

Pollo General Tso

Ingredientes:

- 500 g de pechuga de pollo en trozos
- Harina para empanizar
- Aceite para freír
- Salsa: salsa de soja, vinagre, azúcar, ajo y jengibre
- Cebollín picado

Preparación:

1. Empaniza y fríe el pollo hasta dorar.
2. En una sartén, cocina la salsa hasta que espese.
3. Mezcla el pollo con la salsa, decora con cebollín.

Tempura de Verduras

Ingredientes:

- Verduras variadas (calabacín, berenjena, pimiento, champiñones)
- 1 taza de harina de trigo
- 1 huevo
- 1 taza de agua muy fría
- Aceite para freír
- Sal al gusto

Preparación:

1. Mezcla el huevo con el agua fría.
2. Añade la harina y mezcla ligeramente, dejando algunos grumos.
3. Sumerge las verduras en la mezcla y fríelas en aceite caliente hasta dorar.
4. Escurre y sirve con salsa tentsuyu o salsa de soja.

Banh Mi de Cerdo

Ingredientes:

- Pan baguette tipo francés
- Cerdo asado o a la parrilla en rodajas finas
- Pepino en rodajas
- Zanahoria y rábano encurtidos
- Cilantro fresco
- Mayonesa
- Salsa de soja o salsa hoisin

Preparación:

1. Abre el pan y unta mayonesa.
2. Coloca las rodajas de cerdo, pepino, zanahoria, rábano y cilantro.
3. Añade salsa al gusto y sirve.

Sashimi Variado

Ingredientes:

- Filetes frescos de pescado crudo (salmón, atún, hamachi)
- Salsa de soja
- Wasabi
- Jengibre encurtido

Preparación:

1. Corta el pescado en láminas finas.
2. Sirve con salsa de soja, wasabi y jengibre encurtido.

Yakitori de Pollo

Ingredientes:

- Trozos de pollo (muslo o pechuga)
- Salsa tare (mezcla de salsa de soja, mirin, azúcar y sake)
- Palillos para brochetas

Preparación:

1. Ensarta el pollo en palillos.
2. Asa a la parrilla o sartén, pincelando con salsa tare hasta que estén cocidos y caramelizados.

Hot Pot Chino

Ingredientes:

- Caldo (puede ser picante o suave)
- Variedad de carnes, mariscos y verduras cortadas en trozos pequeños
- Fideos de arroz o celofán
- Salsas para acompañar (salsa de sésamo, soja, chile)

Preparación:

1. Calienta el caldo en una olla grande.
2. Cada comensal cocina los ingredientes que desee en el caldo caliente.
3. Sumerge en las salsas al gusto y disfruta.

Teriyaki de Salmón

Ingredientes:

- Filetes de salmón
- Salsa teriyaki (salsa de soja, mirin, azúcar, jengibre)
- Aceite para cocinar

Preparación:

1. Cocina el salmón en sartén con un poco de aceite.
2. Añade la salsa teriyaki y cocina hasta que el salmón esté glaseado.
3. Sirve acompañado de arroz o verduras.

Laksa de Mariscos

Ingredientes:

- Pasta de curry laksa
- Leche de coco
- Variedad de mariscos (camarones, calamares, mejillones)
- Fideos de arroz
- Brotes de soja, cilantro y lima para decorar

Preparación:

1. Cocina la pasta de curry con leche de coco hasta obtener una sopa cremosa.
2. Añade los mariscos y cocina hasta que estén listos.
3. Sirve con fideos y decora con brotes, cilantro y lima.

Bulgogi de Res

Ingredientes:

- Carne de res en tiras finas
- Salsa marinada (salsa de soja, azúcar, ajo, jengibre, aceite de sésamo, cebolla)
- Semillas de sésamo y cebollín para decorar

Preparación:

1. Marina la carne en la salsa al menos 30 minutos.
2. Cocina la carne en sartén caliente hasta que esté cocida y caramelizada.
3. Decora con semillas de sésamo y cebollín.

Kimchi Casero

Ingredientes:

- 1 col china (napa)
- Sal gruesa
- Ajo picado
- Jengibre rallado
- Chile en polvo coreano (gochugaru)
- Cebollín picado
- Salsa de pescado

Preparación:

1. Corta la col en trozos y sala con sal gruesa, deja reposar 2 horas y enjuaga.
2. Mezcla ajo, jengibre, chile, cebollín y salsa de pescado.
3. Unta la mezcla sobre la col y coloca en frascos.
4. Deja fermentar 1-2 días a temperatura ambiente y luego refrigera.

Sopa Miso

Ingredientes:

- 4 tazas de caldo dashi
- 3 cucharadas de pasta miso
- 100 g de tofu cortado en cubos
- 2 cebollines picados
- Algas wakame hidratadas

Preparación:

1. Calienta el caldo dashi sin que hierva.
2. Disuelve la pasta miso en un poco de caldo y luego intégrala al caldo principal.
3. Añade el tofu y las algas wakame.
4. Cocina unos minutos y agrega el cebollín antes de servir.

Arroz Frito al Estilo Yangzhou

Ingredientes:

- 2 tazas de arroz blanco cocido y frío
- 100 g de camarones pelados
- 100 g de jamón en cubos
- 2 huevos
- Guisantes y zanahorias en cubitos
- Salsa de soja
- Aceite de sésamo y aceite vegetal

Preparación:

1. Saltea los camarones y el jamón.
2. Añade las verduras y mezcla bien.
3. Empuja la mezcla a un lado y revuelve los huevos en la sartén.
4. Incorpora el arroz y la salsa de soja, mezcla todo.
5. Añade aceite de sésamo y sirve.

Rollos de Primavera

Ingredientes:

- Papel de arroz para rollos
- Verduras frescas (lechuga, zanahoria rallada, pepino en tiras)
- Fideos de arroz cocidos
- Hierbas frescas (menta, cilantro)
- Salsa de maní o salsa hoisin para acompañar

Preparación:

1. Hidrata el papel de arroz en agua tibia.
2. Coloca una porción de verduras, fideos y hierbas en el centro.
3. Enrolla apretadamente y sirve con salsa.

Tteokbokki Picante

Ingredientes:

- 300 g de pastelitos de arroz (tteok)
- 2 cucharadas de pasta de chile coreana (gochujang)
- 1 cucharada de azúcar
- 2 dientes de ajo picados
- Caldo de verduras o agua
- Cebolleta picada

Preparación:

1. Cocina los pastelitos de arroz en caldo.
2. Añade la pasta de chile, azúcar y ajo, mezcla bien.
3. Cocina hasta que la salsa espese.
4. Decora con cebolleta y sirve caliente.

Pato Pekín

Ingredientes:

- 1 pato entero
- Salsa hoisin
- Tortillas chinas finas
- Pepino y cebollín en tiras

Preparación:

1. Asa el pato hasta que la piel esté crujiente.
2. Corta en rodajas finas.
3. Sirve con tortillas, salsa hoisin, pepino y cebollín para armar.

Ensalada de Alguitas Wakame

Ingredientes:

- Wakame seco hidratado
- Pepino en rodajas finas
- Vinagre de arroz
- Salsa de soja
- Aceite de sésamo
- Semillas de sésamo

Preparación:

1. Mezcla wakame, pepino y adereza con vinagre, soja y aceite.
2. Espolvorea semillas de sésamo y sirve fría.

Curry Japonés

Ingredientes:

- Cubos de carne de res o pollo
- Cebolla, zanahoria y papa en trozos
- Pasta o polvo de curry japonés
- Caldo de pollo o verduras
- Arroz blanco para acompañar

Preparación:

1. Dora la carne, añade cebolla, zanahoria y papa.
2. Incorpora caldo y cocina hasta que esté tierno.
3. Añade la pasta de curry y cocina hasta espesar.
4. Sirve sobre arroz blanco.

Salteado de Verduras con Tofu

Ingredientes:

- Tofu firme en cubos
- Brócoli, zanahoria, pimiento y champiñones
- Salsa de soja
- Ajo y jengibre picados
- Aceite vegetal

Preparación:

1. Saltea el tofu hasta dorar y reserva.
2. Saltea las verduras con ajo y jengibre.
3. Añade el tofu, salsa de soja y mezcla bien.
4. Cocina un par de minutos y sirve.

Pollo Satay con Salsa de Cacahuate

Ingredientes:

- Tiras de pechuga de pollo marinadas en leche de coco, ajo y cúrcuma
- Salsa de cacahuate (mantequilla de maní, leche de coco, salsa de soja, azúcar y chile)

Preparación:

1. Ensarta el pollo en brochetas y ásalas.
2. Calienta la salsa de cacahuate hasta que esté cremosa.
3. Sirve el pollo con la salsa para mojar.

Sopa Tom Yum

Ingredientes:

- 500 ml de caldo de pollo o de mariscos
- 100 g de camarones
- 3 hojas de lima kaffir
- 2 tallos de hierba limón (lemongrass), cortados y machacados
- 3 chiles rojos, aplastados
- 100 g de champiñones
- 2 cucharadas de pasta de chile (Nam Prik Pao)
- 2 cucharadas de jugo de lima
- 1 cucharada de salsa de pescado
- Cilantro fresco para decorar

Preparación:

1. Hierve el caldo con la hierba limón, hojas de lima y chiles.
2. Añade los camarones y champiñones; cocina hasta que estén listos.
3. Incorpora la pasta de chile, salsa de pescado y el jugo de lima.
4. Sirve caliente decorado con cilantro.

Mochi de Té Verde

Ingredientes:

- 1 taza de harina de arroz glutinoso
- 3/4 taza de azúcar
- 1 taza de agua
- 2 cucharadas de polvo de té verde (matcha)
- Fécula de maíz para espolvorear
- Relleno de pasta de frijol rojo (anko) o dulce al gusto

Preparación:

1. Mezcla harina, azúcar, polvo de té y agua.
2. Cocina la mezcla al vapor o en microondas hasta que espese.
3. Deja enfriar, forma bolitas y rellena con la pasta dulce.
4. Espolvorea con fécula para que no se pegue.

Ternera con Salsa de Ostras

Ingredientes:

- 300 g de ternera en tiras finas
- 1 cebolla mediana en juliana
- 2 dientes de ajo picados
- 2 cucharadas de salsa de ostras
- 1 cucharada de salsa de soja
- Aceite para freír

Preparación:

1. Saltea ajo y cebolla en aceite.
2. Añade la ternera y cocina hasta dorar.
3. Agrega salsa de ostras y soja, mezcla bien y cocina un par de minutos.
4. Sirve caliente con arroz.

Yakisoba

Ingredientes:

- Fideos para yakisoba o fideos de trigo
- Repollo, zanahoria y cebolla en tiras
- Cerdo en tiras finas
- Salsa para yakisoba (o mezcla de salsa de soja, ketchup y salsa Worcestershire)
- Aceite para freír

Preparación:

1. Saltea el cerdo hasta que se dore.
2. Añade las verduras y cocina hasta que estén tiernas.
3. Incorpora los fideos y la salsa, mezcla bien y calienta.
4. Sirve caliente.

Kimbap Coreano

Ingredientes:

- Algas nori
- Arroz cocido y sazonado con vinagre
- Zanahoria en tiras
- Pepino en tiras
- Omelette en tiras
- Jamón o carne en tiras
- Espinacas blanqueadas

Preparación:

1. Coloca una hoja de nori, extiende arroz.
2. Añade los rellenos en línea.
3. Enrolla firmemente y corta en rodajas.

Curry Massaman

Ingredientes:

- 400 g de carne de res o pollo
- 2 papas en cubos
- 1 cebolla en trozos
- 2 cucharadas de pasta de curry Massaman
- 400 ml de leche de coco
- Maní tostado

Preparación:

1. Sofríe la pasta de curry en una olla.
2. Añade la carne, leche de coco, papas y cebolla.
3. Cocina a fuego medio hasta que la carne esté tierna.
4. Sirve con maní espolvoreado.

Tallarines con Salsa de Maní

Ingredientes:

- Tallarines cocidos
- 3 cucharadas de mantequilla de maní
- 1 cucharada de salsa de soja
- 1 cucharadita de vinagre de arroz
- 1 diente de ajo picado
- Agua para ajustar la salsa

Preparación:

1. Mezcla mantequilla de maní, soja, vinagre y ajo.
2. Añade agua para hacer una salsa cremosa.
3. Mezcla con los tallarines y sirve.

Tofu Mapo

Ingredientes:

- 300 g de tofu suave en cubos
- 150 g de carne molida de cerdo
- 2 dientes de ajo picados
- 1 cucharada de pasta de chile (doubanjiang)
- 1 cucharada de salsa de soja
- Cebollín picado

Preparación:

1. Saltea ajo y carne hasta que se dore.
2. Añade la pasta de chile y salsa de soja.
3. Incorpora el tofu con cuidado y cocina unos minutos.
4. Decora con cebollín.

Baozi Rellenos de Cerdo

Ingredientes:

- Masa para baozi (harina, levadura, azúcar, agua)
- Relleno: carne de cerdo picada, cebolla, jengibre, salsa de soja

Preparación:

1. Prepara la masa y déjala reposar hasta que suba.
2. Mezcla los ingredientes del relleno.
3. Forma bolitas de masa, aplánalas, coloca relleno y cierra formando un baozi.
4. Cocina al vapor 15-20 minutos.

Ensalada de Mango Verde

Ingredientes:

- Mango verde rallado
- Zanahoria rallada
- Cebolla morada en juliana
- Chile fresco picado
- Jugo de lima
- Salsa de pescado
- Azúcar morena

Preparación:

1. Mezcla mango, zanahoria, cebolla y chile.
2. Prepara una vinagreta con lima, salsa de pescado y azúcar.
3. Vierte sobre la ensalada y mezcla bien.

Pescado al Vapor al Estilo Chino

Ingredientes:

- 1 filete grande de pescado blanco (merluza, lubina)
- 2 cucharadas de salsa de soja clara
- 1 cucharada de aceite de sésamo
- 2 dientes de ajo picados
- 1 trozo pequeño de jengibre en tiras finas
- Cebollín picado para decorar
- Sal y pimienta al gusto

Preparación:

1. Coloca el pescado en un plato resistente al vapor.
2. Salpimienta y pon el jengibre y ajo encima.
3. Cocina al vapor durante 8-10 minutos, hasta que el pescado esté tierno.
4. Calienta la salsa de soja con aceite de sésamo y vierte sobre el pescado.
5. Decora con cebollín picado y sirve caliente.

Pollo al Curry de Coco

Ingredientes:

- 500 g de pechuga de pollo en cubos
- 1 lata (400 ml) de leche de coco
- 2 cucharadas de pasta de curry (amarillo o rojo)
- 1 cebolla picada
- 2 dientes de ajo picados
- 1 pimiento rojo en tiras
- Aceite para cocinar
- Sal y pimienta al gusto

Preparación:

1. Sofríe ajo y cebolla hasta dorar.
2. Añade la pasta de curry y cocina un minuto.
3. Agrega el pollo y dóralo.
4. Vierte la leche de coco y deja cocinar a fuego medio hasta que el pollo esté cocido y la salsa espese.
5. Añade el pimiento y cocina 5 minutos más.
6. Sirve con arroz blanco.

Panqueques Coreanos de Cebolleta (Pajeon)

Ingredientes:

- 1 taza de harina de trigo
- 1 taza de agua fría
- 2 huevos
- 1 manojo de cebolleta cortada en tiras largas
- Sal al gusto
- Aceite para freír

Preparación:

1. Mezcla la harina, agua, huevos y sal hasta obtener una masa líquida.
2. Añade la cebolleta y mezcla bien.
3. Vierte una porción en una sartén con aceite caliente y cocina hasta que esté dorado por ambos lados.
4. Sirve caliente con salsa de soja.

Sopa Wantán

Ingredientes:

- Wantanes rellenos (pueden ser de cerdo, pollo o camarón)
- 1 litro de caldo de pollo
- Jengibre en rodajas
- Cebollín picado
- Salsa de soja al gusto

Preparación:

1. Hierve el caldo con jengibre.
2. Añade los wantanes y cocina hasta que floten y estén cocidos (5-7 minutos).
3. Sirve caliente, decorado con cebollín y un poco de salsa de soja.

Sushi California Roll

Ingredientes:

- Algas nori
- Arroz para sushi cocido
- Aguacate en tiras
- Pepino en tiras
- Surimi o cangrejo desmenuzado
- Mayonesa
- Semillas de sésamo tostadas

Preparación:

1. Extiende el arroz sobre la hoja de nori.
2. Coloca el aguacate, pepino y surimi con mayonesa en el centro.
3. Enrolla con cuidado y corta en piezas.
4. Espolvorea con semillas de sésamo.

Pollo al Ajillo Estilo Chino

Ingredientes:

- 500 g de pollo en trozos
- 6 dientes de ajo picados
- 2 cucharadas de salsa de soja
- 1 cucharada de vino de arroz (opcional)
- Aceite para freír
- Cebollín picado para decorar

Preparación:

1. Fríe el ajo en abundante aceite hasta dorar. Retira el ajo y reserva.
2. En el mismo aceite, fríe el pollo hasta que esté dorado.
3. Añade la salsa de soja, vino de arroz y el ajo frito. Mezcla bien y cocina 2 minutos más.
4. Decora con cebollín picado y sirve caliente.

Fideos de Arroz con Carne de Res

Ingredientes:

- Fideos de arroz cocidos
- 300 g de carne de res en tiras finas
- Brotes de soja
- Cebollín picado
- 2 dientes de ajo picados
- Salsa de soja y salsa de ostras al gusto
- Aceite para freír

Preparación:

1. Saltea ajo y carne hasta dorar.
2. Añade los brotes de soja y mezcla.
3. Incorpora los fideos, salsa de soja y salsa de ostras, mezcla bien.
4. Cocina 2-3 minutos y sirve.

Helado de Sésamo Negro

Ingredientes:

- 1 taza de leche entera
- 1 taza de crema para batir
- 3/4 taza de azúcar
- 4 yemas de huevo
- 1/2 taza de pasta de sésamo negro (tahini negro o crema de sésamo negro)

Preparación:

1. Calienta la leche y la crema hasta casi hervir.
2. En un bol, bate las yemas con el azúcar.
3. Vierte lentamente la leche caliente sobre las yemas batiendo constantemente.
4. Regresa la mezcla a la olla y cocina a fuego bajo hasta espesar, sin que hierva.
5. Retira del fuego, mezcla la pasta de sésamo negro.
6. Deja enfriar, luego refrigera y finalmente procesa en máquina de helado o congela revolviendo cada 30 minutos.

Ensalada Thai de Papaya Verde

Ingredientes:

- 2 tazas de papaya verde rallada
- 1 zanahoria rallada
- 1 chile rojo picado
- 2 cucharadas de jugo de lima
- 1 cucharada de salsa de pescado
- 1 cucharada de azúcar de palma o morena
- 1 puñado de maní tostado
- Tomates cherry cortados a la mitad
- Cebolla verde picada

Preparación:

1. En un mortero o bol, mezcla el chile, jugo de lima, salsa de pescado y azúcar.
2. Añade la papaya, zanahoria, tomates y mezcla bien.
3. Espolvorea con maní y cebolla verde antes de servir.

Brochetas de Cerdo a la Parrilla

Ingredientes:

- 500 g de carne de cerdo en cubos
- 3 dientes de ajo picados
- 2 cucharadas de salsa de soja
- 1 cucharada de miel
- 1 cucharadita de jengibre rallado
- Palitos para brochetas

Preparación:

1. Marina la carne con ajo, soja, miel y jengibre durante al menos 1 hora.
2. Ensarta la carne en los palitos.
3. Asa a la parrilla o sartén hasta que esté bien cocida y dorada.
4. Sirve caliente.

Dumplings de Camarón

Ingredientes:

- 200 g de camarones picados
- 1 cucharadita de jengibre rallado
- 2 cebollines picados
- 1 cucharada de salsa de soja
- Masa para dumplings (discos de harina de trigo)
- Agua para sellar

Preparación:

1. Mezcla camarones, jengibre, cebollín y salsa de soja.
2. Coloca una cucharadita de relleno en cada disco de masa.
3. Humedece los bordes con agua y cierra formando una media luna.
4. Cocina al vapor por 8-10 minutos o fríe hasta dorar.

Té Chai con Leche

Ingredientes:

- 2 tazas de agua
- 2 bolsitas de té negro o 2 cucharadas de hojas de té negro
- 1 taza de leche
- 2 ramas de canela
- 4 vainas de cardamomo machacadas
- 4 clavos de olor
- 1 trozo pequeño de jengibre fresco
- Azúcar o miel al gusto

Preparación:

1. Hierve el agua con especias durante 5 minutos.
2. Añade el té y deja reposar 3-5 minutos.
3. Agrega la leche y endulza al gusto.
4. Calienta un poco más sin dejar hervir y sirve.

Pudding de Mango

Ingredientes:

- 1 mango maduro grande
- 1 lata de leche de coco (400 ml)
- 1/4 taza de azúcar
- 2 cucharadas de maicena
- 1 taza de agua
- Hojas de menta o mango en cubitos para decorar

Preparación:

1. Licúa el mango hasta obtener un puré.
2. En una olla, mezcla la leche de coco, agua, azúcar y maicena hasta disolver.
3. Cocina a fuego medio, removiendo hasta que espese.
4. Añade el puré de mango y mezcla bien.
5. Vierte en recipientes, deja enfriar y refrigera.
6. Decora antes de servir.

www.ingramcontent.com/pod-product-compliance
Lightning Source LLC
LaVergne TN
LVHW081324060526
838201LV00055B/2450